Purpose: The purpose of this story is to provide basic reading for children ages 2 and up. Please feel free to contact me at littleyapperbooks@gmail.com for comments.

About the author: Jane is an author, designer and educator. These days, you will find her drawing and writing children's books. She draws her inspiration from her students and her daughter, Hailey. Jane lives in the Big Apple with her husband, daughter and 4 yorkies.

For more information please visit litleyapper.com or
Author Page: www.amazon.com/author/janethai

Dedication: To my husband Billy. Thank you for your support and belief in me.

I belong to:

The 12 Months of the Year

一 年 有 十 二 个 月

yī nián yǒu shí'èr gè yuè

It is the start of a new year! January is the first month of the year. It is really cold in January with lots of snow. I like to play in the snow and build a snowman with my little sister. Sometimes we go ice skating with our friends.

新年 来 了! 一 月 份 是 一 年 的 第 一 个 月。 一 月 份 是 非常
xīnnián lái le!　yī yuè fèn shì yī nián de dì yī gè yuè.　yī yuè fèn shì fēicháng

冷 的, 有 很 多 的 雪。 我 喜欢 在 雪 地 里 玩 雪, 并 和 跟
lěng de, yǒu hěn duō de xuě. wǒ xǐhuān zài xuě dì lǐ wán xuě, bìng hé gēn

我 妹妹 做 雪人。 有 时候 我们 跟 朋友 一起 去 溜冰。
wǒ mèimei zuò xuěrén. yǒu shíhòu wǒmen gēn péngyǒu yīqǐ qù liūbīng.

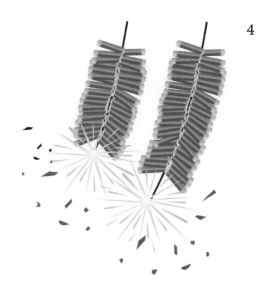

Chinese New Year can sometimes be in January and sometimes be in February. It is my favorite holiday of all! Dad takes little sister and me to watch the lion dance and fireworks. Hooray!

农历 新年 有时会 在 一月份，有 时 是 在二月。
nónglì xīnnián yǒu shí huì zài yī yuè fèn, yǒu shí shì zài èr yuè.

这是我一年 中 最 喜欢 的假期! 爸爸带 妹妹 和
zhè shì wǒ yī nián zhōng zuì xǐhuān de jiàqī!   bàba dài mèimei hé

我 看 舞狮 和 烟花。太 好了!
wǒ kàn wǔshī hé yānhuā. tài hǎo le!

February is the second month of the year. I love February because Valentine's Day is February 14th. We help mom make heart-shaped cookies and cupcakes for Valentine's day.

二月份 是 一年 的 第 二 个 月。我 爱 二月 因为 情人节 是
èr yuè fèn shì yī nián de dì èr gè yuè. wǒ ài èr yuè yīnwéi qíngrén jié shì

二月十四日。我们 帮 助 妈妈 做 情人节 心形 的 饼干
èr yuè shí sì rì. wǒmen bāng zhù māmā zuò qíngrén jié xīn xíng de bǐnggān

和 蛋糕。
hé dàngāo.

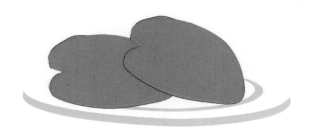

March is the third month of the year. It is windy in March. I like to fly kites at the park with my dog. The wind takes the kite up, up and away. Weeeeeeee!

三月 份 是 一 年 的 第 三 个 月。 三 月　 常常　　 刮 大 风。
sān yuè fèn shì yī nián de dì sān gè yuè. sān yuè chángcháng guā dà fēng.

我 喜欢 带 着 狗 去 公园　 放 风筝。　　 风 让　 风筝
wǒ xǐhuān dài zhe gǒu qù gōngyuán fàng fēngzhēng. fēng ràng fēngzhēng

飞 了 起 来, 越 飞 越 远　 好 玩 哪!
fēi le qǐ lái, yuè fēi yuè yuǎn, hǎo wán nǎ!

April is the fourth month of the year. April showers bring May flowers. Jump, jump into the water puddle! Splash!

四 月 份 是 一 年 的 第 四 个 月。四 月 的 雨 带 来 五 月 的 花。
sì yuè fèn shì yī nián de dì sì gè yuè. sì yuè de yǔ dài lái wǔ yuè de huā.

坑 跳 进 水 里, 弄 得 水 花 四 溅!
kēng tiào jìn shuǐ lǐ, nòng dé shuǐ huā sì jiàn!

May is the fifth month of the year. Lots of beautiful flowers bloom in May. Tulips, daisies and lilies. They all smell and look so nice!

五 月 份 是 一 年 的 第 五 个 月。 在 五 月 份 很 多 美 丽 的 花 朵
wǔ yuè fèn shì yī nián de dì wǔ gè yuè. zài wǔ yuè fèn hěn duō měilì de huāduǒ

绽 放。 有 郁金香， 雏菊 和 百合。 他们 都 很 香 也 很 好 看!
zhànfàng. yǒu yùjīnxiāng, chújú hé bǎihé. tāmen dōu hěn xiāng yě hěn hǎo kàn!

June is the sixth month of the year. Summer is finally here. It is the end of school and summer break starts. I like to go to the park with my friends to play. Little sister likes to go on the swings. June is my favorite month of the year!

六 月 份 是 一 年 的 第 六 个 月。夏天　终于　来 了。这 是 学期 结束
liù yuè fèn shì yī nián de dì liù gè yuè.　xiàtiān zhōngyú lái le.　zhè shì xuéqí jiéshù

又 是　学校　开放　暑假 的 时间。我 喜欢　去　公园　　跟 我 的
yòu shì xuéxiào kāifàng shǔjià de shíjiān. wǒ xǐhuān qù gōngyuán gēn wǒ de

　朋友　一起 玩。妹妹　喜欢　去　荡　秋千。六 月 是 我 一 年　　中
péngyǒu yīqǐ wán. mèimei xǐhuān qù dàng qiūqiān. liù yuè shì wǒ yī nián zhōng

最　喜欢　的 月 份。
zuì xǐhuān de yuè fèn.

July is the seventh month of the year. I love watching fireworks with my dad during Independence Day on July 4th. Boom, boom, boom go the fireworks in the sky!

七月 份 是 一 年 的 第 七 个 月。 在 七 月 四 日 独 立 假 日 的 时候，
qī yuè fèn shì yī nián de dì qī gè yuè.　zài qī yuè sì rì dúlì jià rì de shíhòu,

我 喜欢 跟 爸爸 看 烟花。 嘣, 嘣, 嘣 天空 中 的 烟花 地
wǒ xǐhuān gēn bàba kàn yānhuā.　bēng bēng bēng tiānkōng zhōng de yānhuā dì

很 响亮 呢!
hěn xiǎngliàng ne!

August is the eighth month of the year. It is sunny and hot out. I like going to the beach and building a sand castle. It's lots of fun to play on the beach and swim in the water. Splash!

八 月 份 是 一 年 的 第 八 个 月。太阳 又 炎热 又　明亮。　我　喜欢
bā yuè fèn shì yī nián de dì bā gè yuè. tàiyáng yòu yánrè yòu míngliàng. wǒ xǐhuān

去 海滩 堆 沙堡。在 沙滩　上　玩 和 水 里 游泳　真　好玩 的。
qù hǎitān duī shābǎo. zài shātān shàng wán hé shuǐ lǐ yóuyǒng zhēn hǎowán de.

溅 得 水花　处处!
jiàn dé shuǐhuā chùchù!

September is the ninth month of the year. School starts in September. I can't wait to see all my friends back in school again. I got a new pencil case and schoolbag to start school with! Yahhhhh!

九 月 份 是 一 年 的 第 九 个 月。在 九 月 学 开 始 了。我 等 不 及
jiǔ yuè fèn shì yī nián de dì jiǔ gè yuè. zài jiǔ yuè xué kāishǐ le. wǒ děng bùjí

去 学 校 见 我 的 朋 友 们。我 有 了 一 个 新 的 铅 笔 盒 和 书 包
qù xuéxiào jiàn wǒ de péngyǒumen. wǒ yǒu le yīgè xīn de qiānbǐ hé hé shūbāo

带 去 上 课 用. 呀！
dài qù shàngkè yòng. ya!

October is the tenth month of the year. Halloween is on the last day of October. I'm so excited to go trick or treating. This year I'm going as Casper the friendly ghost. BOO! Haha!

十 月 份 是 一 年 的 第 十 个 月。万圣节　是 在 十 月 的 最 后 一 天。
shí yuè fèn shì yī nián de dì shí gè yuè. wànshèngjié shì zài shí yuè de zuì hòu yītiān.

我 很 高兴 去要 糖 时玩, 不给 糖 就 捣蛋 的 游戏: 今 年 我 想
wǒ hěn gāoxìng qù yào táng shí wán, bù gěi táng jiù dǎodàn de yóuxì: jīnnián wǒ xiǎng

变 成 (Casper 凯司伯) 那个 好 玩 的 小鬼。 噗 的 一声, 吓 你 一 跳!
biàn chéng (Casper kǎi sī bó) nàgè hǎo wán de xiǎoguǐ.　pū de yīshēng, xià nǐ yī tiào!

哈哈
hāhā !

November is the eleventh month of the year. During November we celebrate Thanksgiving! My favorite foods during Thanksgiving are pumpkin pie and oven roast turkey. There is always so much to eat and be thankful for. Yummmm!

十一月份是一年的第十一个月。在十一月，我们 庆祝
shí yī yuè fèn shì yī nián de dì shí yī gè yuè.　　zài shí yī yuè, wǒmen qìngzhù

感恩节! 南瓜 饼 和烤火鸡,老 是 有 那么多 好 东西吃。
gǎn'ēn jié! nánguā bǐng hé kǎohuǒ jī, lǎo shì yǒu nàme duō hǎo dōngxī chī.

我 心存 感激 地吃, 嗯! 真 好吃!
wǒ xīn cún gǎnjī de chī, ń! zhēn hào chī!

December is the twelfth month of the year. It is also the last month of the year. My favorite day during December is Christmas! We decorate our Christmas tree with ornaments and leave cookies out for Santa when he comes down the chimney.

十 二 月 份 是 一 年 的 第 十 二 个 月。这 也 是 一 年　中　最后
shí'èr yuè fèn shì yī nián de dì shí'èr gè yuè.　zhè yě shì yī nián zhōng zuìhòu

一个 月。十二 月 份 我 最 喜欢 的一天 是　圣诞　节! 我们
yīgè yuè.　shí'èr yuè fèn wǒ zuì xǐhuān de yītiān shì shèngdàn jié! wǒmen

装饰　圣诞树。还 留 些 饼干　给　圣诞 老人, 等 他 从
zhuāngshì shèngdànshù. hái liú xiē bǐnggān gěi shèngdàn lǎorén, děng tā cóng

烟囱 下来 的 时候 让 他 吃。
yāncōng xià lái de shíhòu ràng tā chī.

After December it will be January again! A new year will begin with new and exciting adventures.

过了 十二 月 又 来 一 月。新 的 一 年 就 带 来 新 的 令 人
guòle shí'èr yuè yòu lái yī yuè. xīn de yī nián jiù dài lái xīn de lìng rén

兴奋 的 冒险。
xīngfèn de màoxiǎn.

Are you ready to begin a new year? Can you say the
12 months of the year in Chinese? Let's say it together!
January to December

你 准备 好 开始 新 的 一 年 吗? 你 能 用 中文   说
nǐ zhǔnbèi hǎo kāishǐ xīn de yī nián ma? nǐ néng yòng zhōngwén shuō

出 一 年 十二 个 月 吗? 让 我们 一起 说 说 看 吧!
chū yī nián shí'èr gè yuè ma? ràng wǒmen yīqǐ shuō shuō kàn ba!

一 月 到 十 二 月
yī yuè dào shí èr yuè

January 一月 yī yuè
February 二月 èr yuè
March 三月 sān yuè
April 四月 sì yuè
May 五月 wǔ yuè
June 六月 liù yuè
July 七月 qī yuè
August 八月 bā yuè
September 九月 jiǔ yuè
October 十月 shí yuè
November 十一月 shíyī yuè
December 十二月 shí èr yuè

THE END

Vocabulary Learning

New Year 新年 xīnnián

snow 雪 xuě

favorite 最喜欢 zuì xǐhuān

love 爱 ài

dog 狗 gǒu

cake 蛋糕 dàngāo

Valentine's Day 情人节 qíngrén jié

kite 风筝 fēngzhēng

wind 风 fēng

rain 雨 yǔ

flower 花 huā

water 水 shuǐ

Summer 夏天 xiàtiān

park 公园 gōngyuán

friend 朋友 péngyǒu

little sister 妹妹 mèimei

fireworks 烟花 yānhuā

sun 太阳 tàiyáng

to go 去 qù

beach 海滩 hǎitān

sand castle 沙堡 shābǎo

play 玩 wán

swim 游泳 yóuyǒng

Halloween 万圣节 wànshèngjié

Thanksgiving 感恩节 gǎn'ēn jié

pumpkin 南瓜 nánguā

cookies 饼干 bǐnggān

turkey 火鸡 huǒjī

to eat 吃 chī

Christmas 圣诞节 shèngdàn jié

we 我们 wǒmen

decorate 装饰 zhuāngshì

Christmas tree 圣诞树 shèngdànshù

Santa Claus 圣诞老人 shèngdàn lǎorén

chimney 烟囱 yāncōng

together 一起 yīqǐ

speak/say 说 shuō

to see 看 kàn

If you have enjoyed this book, please share and leave me a comment at **littleyapper.com**. A review on Amazon.com would be appreciated as well.
Thank you. 谢谢

Use code : **FIRSTWORDS** to download your FREE audio book and find out more tips on dual language learning at **littleyapper.com**

Other dual language books by Jane Thai

The Apple Tree
How Mommy Carries Her Baby
How the World got its Color from the Sea
I like Pickles
First Words in Chinese

Printed in Great Britain
by Amazon

84383678R00022